열두 개의 달 시화집 플러스 八月
그리고 지중지중 물가를 거닐면

■일러두기
시인 고유의 필치(筆致)를 살리기 위해 표기와 맞춤법은 되도록 초판본을 따랐습니다.

그리고 지중지중 물가를 거닐면

열두 개의 달 시화집 플러스 八月.
윤동주 외 지음 — 앙리 마티스 그림

HENRI MATISSE

저녁달

차례

一日。　바다 _ 백석
二日。　바다 _ 윤동주
三日。　하이쿠 _ 요사 부손
四日。　창공(蒼空) _ 윤동주
五日。　둘 다 _ 윤동주
六日。　산촌(山村)의 여름 저녁 _ 한용운
七日。　소낙비 _ 윤동주
八日。　여름밤 _ 노자영
九日。　고추밭 _ 윤동주
十日。　바다 2 _ 정지용
十一日。　화경(火鏡) _ 권환
十二日。　어느 날 _ 변영로
十三日。　하이쿠 _ 마쓰오 바쇼
十四日。　해바라기 얼굴 _ 윤동주
十五日。　소나기 _ 윤곤강

十六日。　바다로 가자 _ 김영랑
十七日。　조개껍질 _ 윤동주
十八日。　비 ㅅ 뒤 _ 윤동주
十九日。　아지랑이 _ 윤곤강
二十日。　봉선화 _ 이장희
二十一日。　들에서 _ 이장희
二十二日。　수박의 노래 _ 윤곤강
二十三日。　빗자루 _ 윤동주
二十四日。　저녁노을 _ 윤곤강
二十五日。　하이쿠 _ 모리카와 교리쿠
二十六日。　바다에서 _ 윤곤강
二十七日。　나의 밤 _ 윤곤강
二十八日。　하이쿠 _ 마쓰오 바쇼
二十九日。　물 보면 흐르고 _ 김영랑
三十日。　여름밤 공원에서 _ 이장희
三十一日。　어디로 _ 박용철

바다

        백석

바닷가에 왔드니
바다와 같이 당신이 생각만 나는구려
바다와 같이 당신을 사랑하고만 싶구려

구붓하고 모래톱을 오르면
당신이 앞선 것만 같구려
당신이 뒤선 것만 같구려

그리고 지중지중 물가를 거닐면
당신이 이야기를 하는 것만 같구려
당신이 이야기를 끊는 것만 같구려

바닷가는
개지꽃에 개지 아니 나오고
고기비눌에 하이얀 햇볕만 쇠리쇠리하야
어쩐지 쓸쓸만 하구려 섧기만 하구려

바다

윤동주

실어다 뿌리는
바람조차 시원타.

솔나무 가지마다 새침히
고개를 돌리어 뻐들어지고,

밀치고
밀치운다.

이랑을 넘는 물결은
폭포처럼 피어오른다.

해변에 아이들이 모인다.
찰찰 손을 씻고 구보로.

바다는 자꾸 섧어진다,
갈매기의 노래에……

돌아다보고 돌아다보고
돌아가는 오늘의 바다여!

여름 냇물을 건너는 기쁨이여,
손에는 짚신

夏川をこすうれしさよ手に草履

요사 부손

창공(蒼空)

윤동주

그 여름날
열정(熱情)의 포푸라는
오려는 창공(蒼空)의 푸른 젖가슴을
어루만지려
팔을 펼쳐 흔들거렸다.
끓는 태양(太陽)그늘 좁다란 지점(地點)에서.

천막(天幕) 같은 하늘밑에서
떠들던 소나기
그리고 번개를,

춤추던 구름은 이끌고
남방(南方)으로 도망하고,
높다랗게 창공(蒼空)은 한폭으로
가지 위에 퍼지고
둥근달과 기러기를 불러왔다.

푸드른 어린 마음이 이상(理想)에 타고,
그의 동경(憧憬)의 날 가을에
조락(凋落)의 눈물을 비웃다.

둘 다

　　　　　　　윤동주

바다도 푸르고
하늘도 푸르고

바다도 끝없고
하늘도 끝없고

바다에 돌던지고
하늘에 침 뱉고

바다는 벙글
하늘은 잠잠

산촌(山村)의 여름 저녁

한용운

산 그림자는 집과 집을 덮고
풀밭에는 이슬 기운이 난다
질동이를 이고 물긷는 처녀는
걸음걸음 넘치는 물에 귀밑을 적신다.

올감자를 캐여 지고 오는 사람은
서쪽 하늘을 자주 보면서 바쁜 걸음을 친다.
살진 풀에 배부른 송아지는
게을리 누워서 일어나지 않는다.

등거리만 입은 아이들은
서로 다투어 나무를 안아 들인다.

하나씩 둘씩 돌아가는 가마귀는 어데로 가는지 알 수가 없다.

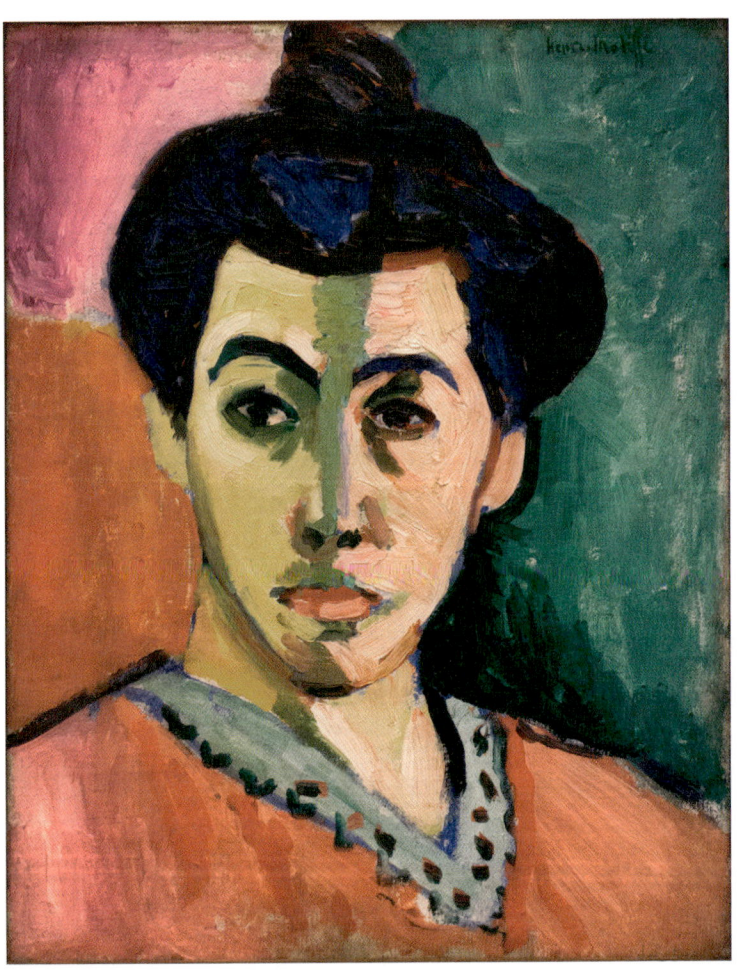

소낙비

윤동주

번개, 뇌성, 왁자지근 뚜다려
머-ㄴ 도회지에 낙뢰가 있어만 싶다.

벼루짱 엎어논 하늘로
살 같은 비가 살처럼 쏟아진다.

손바닥만한 나의 정원이
마음같이 흐린 호수되기 일쑤다.

바람이 팽이처럼 돈다.
나무가 머리를 이루 잡지 못한다.

내 경건(敬虔)한 마음을 모셔드려
노아 때 하늘을 한모금 마시다.

여름밤

노자영

울타리에 매달린 호박꽃 등롱(燈籠) 속
거기는 밤에 춤추는 반디불 향연(饗宴)!
숲속의 미풍조차 은방울 흔들 듯
숨소리 곱다.

별! 앵록초같이 파란 결이
칠흑빛 하늘 위를 호올로 거니나니
은하수 흰 물가는 별들의 밀회장이리!

고추밭

윤동주

시들은 잎새 속에서
고 빠알간 살을 드러내 놓고,
고추는 방년(芳年)된 아가씬 양
땟볕에 자꾸 익어 간다.

할머니는 바구니를 들고
밭머리에서 어정거리고
손가락 너어는 아이는
할머니 뒤만 따른다.

바다 2

정지용

한 백년 진흙 속에
숨었다 나온 듯이,

게처럼 옆으로
기여가 보노니,

머언 푸른 하늘 알로
가이 없는 모래 밭.

화경(火鏡)

　　　　　　　　　　　　　　　권환

별들은 푸른 눈을 번쩍 떴다
심장을 쿡쿡 찌를 듯
새까만 하늘을 이쪽저쪽 베는
흰 칼날에 깜짝 놀랜 것이다

무한한 대공(大空)에
유구한 춤을 추는
달고 단 꿈을 깬 것이다

별들은 낭만주의를 포기 안 할 수 없었다

어느 날

　　　　　　　　　　　　변영로

어느 찌는 듯 더웁던 날 그대와 나 함께
손목 맞잡고 책이나 한 장 읽을까
수림 속 깊이 찾아 들어갔더니

틈 잘타는 햇발 나뭇잎을 새이어
앉을 곳을 쪽발벌레 등같이
아룽아룽 흔들리는 무늬 놓아

그대의 마음 내마음 함께 아룽거려
열없어 보려던 책 보지도 못하고
뱀몸 같은 나무에 기대 있었지.

十三日

서늘하게 누워서 벽을 밟고 낮잠을 잘까

ひやひやと壁をふまへて昼寝(ひるね)かな

마쓰오 바쇼

해바라기 얼굴

윤동주

누나의 얼굴은
— 해바라기 얼굴
해가 금방 뜨자
— 일터에 간다.

해바라기 얼굴은
— 누나의 얼굴
얼굴이 숙어들어
— 집으로 온다.

소나기

윤곤강

바람은 희한한 재주를 가졌다

말처럼 네 굽을 놓아
검정 구름을 몰고와서
숲과 언덕과 길과 지붕을 덮씌우면
금방 빗방울이 뚝 뚝……
소내기 댓줄기로 퍼부어

하늘 칼질한 듯 갈라지고
번개 번쩍! 천둥 우르르르……
얄푸른 번개불 속에
실개울이 뱅어처럼 빛난다

사람은 얼이 빠져 말이 없고
그림자란 그림자 죄다아 스러진다

바다로 가자

김영랑

바다로 가자 큰 바다로 가자
우리 인제 큰 하늘과 넓은 바다를 마음대로 가졌노라
하늘이 바다요 바다가 하늘이라
바다 하늘 모두 다 가졌노라
옳다 그리하여 가슴이 뻐근치야
우리 모두 다 가자구나 큰 바다로 가자구나

우리는 바다 없이 살았지야 숨 막히고 살았지야
그리하여 쪼여들고 울고불고 하였지야
바다 없는 항구 속에 사로잡힌 몸은
살이 터져나고 뼈 퉁겨나고 넋이 흩어지고
하마터면 아주 거꾸러져 버릴 것을
오! 바다가 터지도다 큰 바다가 터지도다

쪽배 타면 제주야 가고오고
독목선(獨木船) 왜섬이사 갔다왔지
허나 그게 바달러냐
건너 뛰는 실개천이라
우리 3년 걸려도 큰 배를 짓잤구나
큰 바다 넓은 하늘을 우리는 가졌노라

우리 큰 배 타고 떠나가자구나
창랑을 헤치고 태풍을 걷어차고
하늘과 맞닿은 저 수평선 뚫으리라
큰 호통하고 떠나가자구나
바다 없는 항구에 사로잡힌 마음들아
툭 털고 일어서자 바다가 네 집이라

우리들 사슬 벗은 넋이로다 풀어놓인 겨레로다
가슴엔 잔뜩 별을 안으렴아
손에 잡히는 엄마별 아기별
머리 위엔 그득 보배를 이고 오렴
발 아래 쫙 깔린 산호요 진주라
바다로 가자 우리 큰 바다로 가자

조개껍질

　　　　　　　　　　　　윤동주

아롱아롱 조개껍데기
울 언니 바닷가에서
주어온 조개껍데기

여긴여긴 북쪽나라요
조개는 귀여운 선물
장난감 조개껍데기

데굴데굴 굴리며 놀다
짝 잃은 조개껍데기
한짝을 그리워하네

아롱아롱 조개껍데기
나처럼 그리워하네
물소리 바닷물소리.

비 ㅅ 뒤

윤동주

「어 — 얼마나 반가운 비냐」
할아바지의 즐거움.

가믈들엇든 곡식 자라는 소리
할아바지 담바 빠는 소리와 같다.

비ㅅ뒤의 해ㅅ살은
풀닢에 아름답기도 하다.

아지랑이

윤곤강

머언 들에서
부르는 소리
들리는 듯

못 견디게 고운 아지랑이 속으로
달려도
달려가도
소리의 임자는 없고,

또다시
나를 부르는 소리,
머얼리서
더 머얼리서,
들릴 듯 들리는 듯…….

봉선화

이장희

아무것도 없던 우리집 뜰에
언제 누가 심었는지 봉선화가 피었네.
밝은 봉선화는
이 어두컴컴한 집의 정다운 등불이다.

들에서

　　　　　　　　　　　　이장희

먼 숲 위를 밟으며
빗발은 지나갔도다

고운 햇빛은 내리부어
풀잎에 물방울 사랑스럽고
종달새 구슬을 굴리듯 노래 불러라

들과 하늘은 서로 비추어
푸린 빛이 바다를 이루었나니
이 속에 숨쉬는 모든 것의 기쁨이여

홀로 밭길을 거니매
맘은 개구리같이 젖어 버리다

수박의 노래

윤곤강

나는 밭고랑에 누운 한 개 수박이라오

아이들이 차다 버린 듯 뽈처럼
멋없이 뚱그런 내 모습이기에
푸른 잎 그늘에 반듯이 누워
끓는 해와 흰 구름 우러러 산다오

이렇게 잔잔히 누워 있어도
마음은 선지피처럼 붉게 타
돌보는 이 없는 설움을 안고
아침이나 낮이나 저녁이나 슬프기만 하다오

여보! 제발 좀 나를 안아 주세요
웃는 얼굴 따스한 가슴으로
아니, 아니, 보드라운 두 손길로
이 몸을 고이고이 쓰다듬어 주세요

나는 밭고랑에 누운 한 개 수박이라오

빗자루

윤동주

요오리 조리 베면 저고리 되고
이이렇게 베면 큰 총 되지.
— 누나하고 나하고
— 가위로 종이 쏠았더니
— 어머니가 빗자루 들고
— 누나 하나 나 하나
— 엉덩이를 때렸소
— 방바닥이 어지럽다고
— 아아니 아니
— 고놈의 빗자루가
— 방바닥 쓸기 싫으니
— 그랬지 그랬어
괘씸하여 벽장 속에 감췄드니
이튿날 아침 빗자루가 없다고
어머니가 야단이지요.

저녁노을

윤곤강

하늬바람 속에
수수잎이 서걱인다
목화밭을 지나
왕대숲을 지나
언덕 우에 서면

머언 메 위에
비눌구름 일고
새소리도 스러지고
짐승의 자취도 그친 들에
노을이 호올로 선다

산들바람,
벼가 푸릇푸릇 자란 논,
그 위에 구름 그림자.

涼風(すずかぜ)や青田(あおた)の上の雲の影(かげ)

모리카와 교리쿠

바다에서

윤곤강

해 서쪽으로 기울면
일곱 가지 빛깔로 비늘진 구름이
혼란한 저녁을 꾸미고
밤이 밀물처럼 몰려들면
무딘 내 가슴의 벽에
철썩! 부딪쳐 깨어지는 물 결
짙어오는 안개 바다를 덮으면
으레 붉은 혓바닥을 저어 등대는
자꾸 날 오라고 오라고 부른다
이슬 밤을 타고 내리는 바위 기슭에
시름은 갈매기처럼 우짖어도
나의 곁엔 한 송이 꽃도 없어…

나의 밤

윤곤강

가라앉은 밤의 숨결 그 속에서
나는 연방 수없는 밤을 끌어올린다
문을 지치면 바깥을 지나는
바람의 긴 발자취…

달이 창으로 푸르게 배어들면
대낮처럼 밝은 밤이 커진다
달빛을 쏘이며 나는 사과를 먹는다
연한 생선의 냄새가 난다…

밤의 층층다리를 수없이 기어 올라가면
밟고 지난 층층다리는 뒤로 무너져 넘어간다
발자국을 죽이면 다시 만나는 시름의 불길
— 나의 슬픔은 박쥐마냥 검은 천정에 떠돈다

파초에 태풍 불고
대야의 빗방울 소리 듣는 밤이로구나

芭蕉野分(のわき)して盥(たらい)に雨を聞く夜(よ)かな

마쓰오 바쇼

물 보면 흐르고

　　　　　　　　　　　김영랑

물 보면 흐르고
별 보면 또렷한
마음이 어이면 늙으뇨

흰날에 한숨만
끝없이 떠돌던
시절이 가엾고 멀어라

안스런 눈물에 안껴
흩은 잎 쌓인 곳에 빗방울 드듯
느낌은 후줄근히 흘러들어가건만

그 밤을 홀히 앉으면
무심코 야윈 볼도 만져 보느니
시들고 못 피인 꽃 어서 떨어지거라

여름밤 공원에서

                                                  이장희

풀은 자라
머리털같이 자라 향기롭고,
나뭇잎에, 나뭇잎에
등불은 기름같이 흘러 있소.

분수(噴水)는 이끼 돋은
돌 위에 빛납니다.
저기, 푸른 안개 너머로
벤취에 쓰러진 사람은 누구입니까.

어디로

　　　　　　　　　　　　　　　　박용철

내 마음은 어디로 가야 옳으리까
쉬임 없이 궂은비는 나려오고
지나간 날 괴로움의 쓰린 기억
내게 어둔 구름되어 덮히는데.

바라지 않으리라든 새론 희망
생각지 않으리라든 그대 생각
번개같이 어둠을 깨친다마는
그대는 닿을 길 없이 높은 데 계시오니

아— 내 마음은 어디로 가야 옳으리까.

Blue Nude II 1952

Icarus 1944

Women on the Beach, Etrétat 1920

Aht Amont Cliffs at Etrétat 1920

A Glimpse of Notre Dame in the Late Afternoon 1902

Swiss Landscape (also known as The Road to chézières à Villars) 1901

The Open Window 1918

The Bay of Nice 1918

Landscape viewed from a Window 1913

Still Life with Dance 1909

The Green Line 1905

Crockery on a Table 1900

Trivaux Pond 1917

View of Notre Dame 1902

Basket with Oranges 1913

The Music (La Musique) 1939

The Cat with Red Fish 1914

Seated Woman, Back Turned to the Open Window 1922

Dance(II) 1910

The Romanian Blouse 1940

Red Studio 1911

Nude in a Wood 1906

The Dream 1940

Arcueil 1899

Algerian Woman 1909

The Dessert: Harmony in Red (The Red Room) 1908

The Bay of Tangier 1912

The Blue Window 1913

Ropes on the Beach at Etretat 1920

Woman Holding Umbrella 1919

Olive Trees 1898

Corner of the Artist's Studio 1912

The Goldfish 1912

Open Door, Brittany 1896

The Little Gate of the Old Mill 1898

Montalban, Landscape 1918

Woman Before a Fish Bowl 1922

Woman in a Purple Coat 1937

The Lute 1943

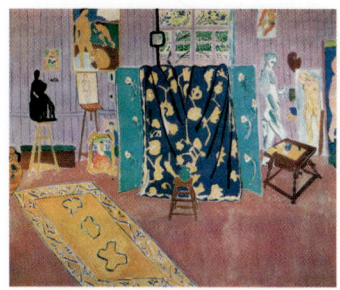
The Pink Studio 1911

Notre Dame 1904

The Stream near Nice 1919

Woman with a Hat 1905

Odalisque 1920-1921

Boats on the beach, Etrétat 1920

Interior with a Bowl with Red Fish 1914

Woman at the Fountain 1917

Interior with a Violin Case 1919

Woman with Umbrella 1920

Open Window at Collioure 1910

Nasturtiums with "The Dance (II)" 1912

Copse of the Banks of the Garonne 1900

Pascal's Pensees 1924

Portrait of Woman 1919

# 8월의 화가와 시인 이야기

색채와 형태의 해방,
앙리 마티스 이야기

앙리 마티스

앙리 마티스는 1869년 12월 31일, 프랑스 북부 노르 지방의 르카토-캉브레지에서 포도주 상인을 아버지로, 엄격하면서도 근면한 어머니 밑에서 태어났다. 마티스는 피카르디 지역의 작은 마을 보앙에서 성장했으며, 어머니는 종종 그에게 페인트와 색종이를 건네주며 창의적인 놀이를 격려하곤 했다. 이러한 어린 시절의 경험은 훗날 그가
색채에 깊이 몰입하는 작가로 성장하는 데 영향을 미쳤다. 하지만 처음부터 예술가를 꿈꾼 것은 아니었다. 부모의 기대에 따라 그는 파리에서 법학을 공부하고, 일시적으로 변호사 사무소에서 일하기도 했다.

1890년, 21세의 나이에 맹장염 수술을 받고 회복 중이던 마티스는 어머니가 가져다준 그림 도구를 통해 처음으로 그림을 접하게 되었고, 이는 그의 인생을 바꾸는 전환점이 되었다. 마티스는 이후 예술가의 길을 걷기로 결심하고, 파리로 건너가 줄리앙 아카데미(Académie Julian)와 에콜 데 보자르(École des Beaux-Arts)에서 본격적인 미술 교육을 받으며 화가의 삶을 시작하게 된다. 이처럼 마티스의 유년기와 초기 경험은 그의 예술적 감수성과 색채에 대한 본능적인 이해를 길러준 중요한 기반이 되었다.

인상주의에서 야수파까지

앙리 마티스의 초기 작품은 1890년대부터 1905년경까지의 시기로, 인상주의와 후기인상주의의 영향을 강하게 받았다. 그는 처음에는 자연주의적이고 어두운 색조의 그림을 그렸으며, 장밥티스트 카미유 코로(Camille Corot)나 귀스타브 쿠르베(Gustave Courbet)의 영향을 받은 풍경화와 정물화를 주로 제작했다. 그러나 파리에서 폴 세잔(Paul Cézanne), 빈센트 반 고흐(Vincent van Gogh), 폴 고갱(Paul Gauguin)의 작품을 접하면서 형태의 단순화와 색채의 해방에 깊은 관심을 갖게 된다. 특히 세잔의 구조적인 구성 방식은 마티스가 색과 형태를 독립된 조형 요소로 다루는 데 중요한 영감을 주었다.

이 시기 대표작으로는 〈책 읽는 여인(Woman Reading)〉(1895), 〈정물〉(Nature morte, 1896) 등이 있으며, 점차 색채가 밝아지고 형태가 단순해지는 경향을 보인다. 1904년에는 조르주 쇠라(Georges Seurat)의 점묘법에도 영향을 받아, 〈사치, 평온, 쾌락〉(Luxe, Calme et Volupté, 1904)라는 작품에서 밝은 색과 분할된 색면을 실험한다. 이는 마티스가 야수파적 색채 표현에 도달하기 직전 단계의 전환점으로 평가되며, 이후 1905년 살롱 도톤(Salon d'Automne) 전시에서의 폭발적인 색채 실험으로 이어지게 된다. 초기 작품을 통해 마티스는 전통과 단절하기보다는 점진적으로 그 한계를 넓혀가며, 자신만의 독창적인 화풍을 확립하는 기반을 다졌다.

Woman Reading 1895

Still Life with Oranges II 1899

Luxe, calme et volupté 1904

야수파의 선두에 선 마티스
회화의 경계를 넘다

앙리 마티스의 중기 작품은 야수파(Fauvism)의 중심에서 색채에 대한 급진적인 실험을 통해 그의 회화가 폭발적인 전환을 이루는 시기였다. 1905년 살롱 도톤(Salon d'Automne)에 출품된 〈모자 쓴 여인(Femme au chapeau)〉은 전통적 명암법을 무시하고 강렬한 원색을 얼굴에 사용하여 당시 미술계에 충격을 안겼다. 이후 〈붉은 방(The Dessert: Harmony in Red(The Red Room)〉(1908) 등에서 그는 색을 사물의 외형 묘사 도구가 아닌 감정의 직접적인 표현 수단으로 사용했다. 이 시기의 마티스는 선과 색을 통해 구성의 질서를 탐구하며, 자유롭고 평면적인 공간을 창조해나간다.

또한 이 시기 마티스는 이슬람 미술, 아프리카 조각, 일본 목판화 등 비서구적 미술에서 깊은 영향을 받으며 장식성과 상징성을 강조하는 새로운 회화 세계를 구축한다. 그는 점점 더 단순화된 선과 대담한 색감 활용을 통해 화면을 구성하며, 형태의 본질과 조형의 순수함을 탐색했다. 이 시기의 대표작들은 회화뿐만 아니라 조각, 드로잉, 판화 등 다양한 매체로 확장되었고, 예술 전반에 걸친 통합적 실험이 이어졌다. 마티스는 이 시기를 통해 회화의 전통적 틀을 해체하고, 근대 회화의 새로운 가능성을 제시한 선구자로 평가받는다.

The Joy of Life 1905-1906

Music 1910

The Moroccans 1915-1916

앙리 마티스의 예술 세계
색채의 해방과 형태의 단순화

마티스 작품의 가장 두드러지는 특징은 '색채의 해방'이다. 그는 색을 단순히 자연을 재현하는 수단이 아닌, 감정과 내면의 상태를 표현하는 독립적 요소로 다뤘다. 특히 원색을 대담하게 배치하거나 비자연적인 색을 인물과 사물에 입힘으로써, 보는 이에게 즉각적인 시각적 반응을 유도했다. 마티스에게 색은 조형의 중심이자, 회화의 본질이었다.

또 하나의 핵심은 '형태의 단순화와 조형의 순수성'이다. 마티스는 복잡한 구성을 지양하고, 본질적인 형태만 남기는 방향으로 작품을 발전시켰다. 이러한 경향은 후기에 이르러 컷아웃(cut-outs) 기법으로 정점에 달하며, 형태와 색, 공간의 본질을 가장 단순하고 명확한 언어로 풀어낸다.

마티스는 사물의 윤곽을 강조하고 장식적이고 평면적인 구성을 선호했으며, 이를 통해 관람자가 시각적 즐거움과 조화를 느끼도록 했다. 그의 예술은 복잡한 시대 속에서도 단순함을 통해 진실을 추구한, 독창적이고 시대를 초월한 조형 언어였다.

마티스는 "예술은 안락의자처럼 편안해야 한다."고 말하며, 자신의 작품을 통해 보는 이에게 휴식과 기쁨을 선사하고자 했다. 그는 삶의 고통이나 사회적 갈등을 직접적으로 묘사하기보다, 색과 형태의 조화 속에서 인간의 내면과 감각을 일깨우는 방식으로 예술적 메시지를 전달했다.

Polynesia, the sky 1946

Interior in yellow and blue 1946

영적 예술의 완성
후기 마티스의 미학

앙리 마티스의 후기 작품은 1940년대부터 1950년대 초반까지 주로 컷아웃 기법을 중심으로 전개되었다. 건강이 악화되어 전통적인 회화 작업이 어려워진 가운데, 그는 종이 위에 색종이를 오려 붙이는 방식을 통해 강렬한 색채와 단순한 형태의 조화를 새롭게 탐구했다. 이러한 기법은 그의 작품에 생동감과 자유로움을 부여하며, 〈푸른 누드(Blue Nude)〉(1952), 〈춤 II(La Danse II)〉(1950) 같은 대표작들에서 빛을 발한다. 마티스는 컷아웃 기법을 통해 예술 표현의 한계를 넘어서면서도, 색채와 형태의 본질을 간결하고 명확하게 전달했다.

또한 후기 작품에서는 종교적 주제와 공간 디자인에도 깊이 관여했다. 대표적으로 1947년부터 1951년까지 프랑스 니스 근교 로자리오 성당의 장식 작업을 맡아, 스테인드글라스, 벽화, 조각 등 다양한 매체를 통합하여 영적이고 평화로운 공간을 완성했다. 이 시기의 작품들은 평온함과 순수함을 강조하며, 마티스 특유의 색채 감각과 형태 단순화가 절정을 이룬다. 후기 작업을 통해 그는 현대 미술에서 색채의 마법사로서의 위상을 확고히 했으며, 예술의 본질을 향한 꾸준한 탐구를 보여주었다.

Black Philodendron and Lemons 1943

The Clown 1943

The Circus 1947

The Sword Swallower 1947

시대를 초월한 순수미
현대미술에 짙은 흔적을 남기다

앙리 마티스는 1954년 11월 3일 프랑스 니스에서 생을 마감했다. 말년에는 건강 문제로 인해 전통적인 유화 작업이 어려워졌지만, 컷아웃 기법을 통해 예술적 창조력을 유지하며 활발히 작업했다. 그의 마지막 작품들은 색채의 순수함과 형태의 간결함을 극대화한 걸작들로, 고통과 한계를 넘어선 예술적 승화의 상징으로 평가받는다. 마티스는 평생 '예술은 삶을 더욱 아름답고 풍요롭게 만드는 힘'임을 보여주었고, 자신의 작품을 통해 관객에게 기쁨과 위안을 선사하고자 했다.

미술사에서 마티스는 20세기 현대미술의 거장으로 자리매김하며, 색채와 형태의 혁신을 통해 회화의 표현 영역을 확장했다. 그는 야수파를 대표하며 색채의 감정적 힘을 극대화했고, 후기에는 컷아웃 기법을 통해 미술의 매체적 한계를 뛰어넘었다. 그의 작품과 철학은 추상미술과 미니멀리즘 등 다양한 현대미술 운동에 깊은 영향을 끼쳤으며, 오늘날에도 전 세계 미술가와 대중에게 색채와 조형의 본질에 대한 깊은 통찰을 제공한다. 마티스의 예술은 시대를 초월해 '순수한 아름다움'과 '감각의 즐거움'을 추구하는 모든 이들에게 여전히 영감을 주고 있다.

The Creole Dancer 1950

La gerbe 1953

The King's Sadness 1952

Memory of Oceania 1953

The Snail 1953

8월의 시인들

**권환
김영랑
노자영
박용철
백석
변영로
윤곤강
윤동주
이장희
정지용
한용운
마쓰오 바쇼
모리카와 교리쿠
요사 부손**

권환

權煥. 1903~1954. 1930년대 초 프로문학의 볼셰비키화를 주도한 대표적인 카프 시인이자 비평가다. 본명은 권경완(權景完)이며, 1903년 1월 6일 경남 창원군 진전면 오서리에서 태어났다. 일본 야마가타고등학교를 거쳐, 1927년 일본 교토제국대학 독문학과를 졸업하였다. 대학 재학 중 사상 관계로 일본경찰에 검거되기도 했다.

1925년 일본 유학생잡지 《학조(學潮)》에 작품을 발표하였고, 1929년 《학조》 필화 사건으로 또 다시 구속되었다. 이 시기 일본 유학중인 김남천, 안막, 임화 등과 친교를 맺으며 카프동경지부인 무신자사에서 활약하는 등 진보적 지식인의 면모를 보였다.

1930년 임화 등과 함께 귀국, 이른바 카프(KAPF)의 소장파로서 구카프계인 박영희, 김기진 등을 따돌리고 카프의 주도권을 장악하였고, 〈가랴거든 가거라〉(조선지광, 1930. 3) 〈머리를 땅까지 숙일 때까지〉(음악과 시, 1930. 8) 등 목적일변도의 시와 〈무산예술운동의 별고와 장래의 전개책〉〈조선예술운동의 당면한 구체적 과정〉 등 강경 계급문학적 비평을 발표하여 등단하는 한편 『카프시인집』(1931)에도 참여함으로써 1930년대 볼셰비키 예술운동의 주도적인 인물로 부상하였다.

1931년 카프 1차 검거 때 피체되어 불기소처분을 받았고, 1935년 제3차 검거 때는 유죄판결을 받았으나 집행유예로 석방되었다. 이 시기 중외일보, 조선일보 등의 기자와 조선여자의 학강습소 강사, 김해농장원, 경성제대 도서관 사서 등을 전전하다가 해방직전에 첫 시집 『자화상(自畵像)』(1943)과 『윤리(倫理)』(1944)를 발간하였다.

김영랑

金永郎. 1903~1950. 시인이자 독립운동가다. 본관은 김해(金海). 본명은 김윤식(金允植). 영랑은 아호인데 《시문학(詩文學)》에 작품을 발표하면서부터 사용하기 시작했다. 1903년 전라남도 강
진에서 태어났다. 강진보통학교를 졸업한 후 1917년 휘문의숙에 입학했지만 1919년 3·1운동 때 학교를 그만두고 강진에서 만세운동을 벌일 계획을 세우다 체포되었다. 징역 1년 형을 받고 투옥되었지만, 실제 만세운동을 벌이지 않았다는 이유로 무죄를 선고받았다. 이후 1920년 일본 유학길에 올라 아오야마학원에서 영문학을 공부했다. 일본에서 유학하며 아나키스트이자 사회운동가인 박열과 교류했다. 1923년 관동대지진이 일어나면서 학업을 중단하고 귀국했다.

1930년 정지용, 박용철 등과 함께 《시문학》 동인에 가입하며 본격적인 작품 활동을 시작했다. 초기 시는 1935년 박용철에 의하여 발간된 『영랑시집』 초판의 수록시편들이 해당되는데, 여기서는 자연에 대한 깊은 애정이나 인생을 바라보는 태도에서의 역정(逆情)·회의 같은 것은 찾아볼 수 없다. '슬픔'이나 '눈물'의 용어가 수없이 반복되면서 그 비애의식은 영탄이나 감상에 기울지 않고, '마음'의 내부로 향하며 정감의 극치를 이루고 있다. 김영랑의 초기 시는 같은 시문학동인인 정지용 시의 감각적 기교와 더불어 그 시대 한국 순수시의 극치를 보여주고 있다.

김영랑은 특히 서정시의 대표적인 시인으로, 감성적이고 아름다운 언어로 민족적 정서를 표현하는 데 집중했다. 그의 시에는 자연과 인간, 사랑과 이별, 그리고 고향에 대한 향수가 깊이 묻어난다. 대표적인 작품으로는 〈모란이 피기까지는〉〈나그네〉〈춘원〉〈별〉〈시인의 시〉 등이 있다. 특히 〈모란이 피기까지는〉은 김영랑의 대표적인 시로, 사랑과 기다림, 그리고 삶에 대한 깊은 성찰이 녹아 있는 작품이다.

김영랑은 문학적인 성향상, 전통적인 한국 시의 양식을 고수하면서도, 그 안에 근대적 감각을 녹여내고자 했다. 그는 민족의 정서를 현대적이고 미학적인 방식으로 풀어내는 데 집중했다. 이러한 특성 덕분에 김영랑은 한국 문학사에서 중요한 역할을 하게 되었다.

1940년을 전후하여 민족항일기 말기에 발표된 〈거문고〉〈독(毒)을 차고〉〈망각(忘却)〉〈묘비명(墓碑銘)〉 등의 후기 시에서는 그 형태적인 변모와 함께 인생에 대한 깊은 회의와 '죽음'의 의식이 나타나 있다.

김영랑은 1950년 한국전쟁 당시 서울에서 포탄 파편에 맞아 48세에 사망했다.

노자영

盧子泳. 1898~1940. 시인이자 작가다. 호는 춘성(春城)이며, 출생지는 황해도 장연 또는 송화군으로 전해지고 있지만 정확한 것은 알 수가 없다.
평양 숭실중학교에 입학하여 신문학을 접하면서 톨스토이, 하이네, 보들레르 등을 탐독했다. 졸업 후에는 고향의 양재학교에서 교편생활을 한 적이 있으며, 문학에 대한 열정도 계속되어 낮에는 학생들을 가르치고 밤에는 글을 썼다.

1919년 상경하여 한성도서주식회사에 입사하여 잡지《학생계》와《서울》의 기자로 활동했다. 이 시기에 같은 잡지에 시를 발표하기 시작했다. 1935년에는 조선일보 출판부에 입사하여《조광(朝光)》을 맡아 편집하였다. 1938년에는 기자 생활을 청산하고 청조사(靑鳥社)를 직접 경영한 바 있다.

노자영의 시는 낭만적 감상주의로 일관되고 있으나 때로는 신선한 감각을 보여주기도 한다. 산문에서도 소녀 취향의 문장으로 명성을 떨쳤다. 『처녀의 화환』(1924) 『내 혼이 불탈 때』(1928) 『백공작』(1938) 등의 시집과 『청춘의 광야』(1924) 『표박(漂泊)의 비탄』(1925) 『사랑의 불꽃: 연애서간』(1931) 『나의 화환-문예미문서간집』(1939) 등의 문집, 그리고 『반항』(1923) 『무한애의 금상』(1925) 등의 소설집을 출간했다.

박용철

朴龍喆. 1904~1938. 시인이자 문학평론가, 번역가 등으로 활동했다. 전라남도 광산군(현 광주광역시 광산구)에서 출생하였다. 배재고등보통학교를 거쳐 일본 도쿄 아오야마 학원(靑山學園)과 연희전문에서 수학했다.

일본 유학 중 시인 김영랑과 교류하며 1930년《시문학》을 함께 창간해 등단했다. 1931년《월간문학》, 1934년《문학》등을 창간해 순수문학 계열로 활동했다. "나 두 야 간다/나의 이 젊은 나이를/눈물로야 보낼거냐/나 두 야 가련다"로 시작되는 대표작〈떠나가는 배〉등 시작품은 초기작이고, 이후로는 주로 극예술연구회의 회원으로 활동하며 해외 시와 희곡을 번역하고 평론을 발표하는 방향으로 관심을 돌렸다.

1938년 결핵으로 사망해 자신의 작품집은 생전에 내보지 못했다. 사망 1년 후『박용철 전집』이 시문학사에서 간행됐다. 전집의 전체 내용 중 번역이 차지하는 부분이 절반이 넘어, 박용철의 번역 문학에 대한 관심을 알 수 있다. 괴테, 하이네, 릴케 등 독일 시인의 시가 많았다. 번역 희곡으로는 셰익스피어의『베니스의 상인』, 헨리크 입센의『인형의 집』등이 있다. 극예술연구회 회원으로 활동하며 번역한 작품들이다.

박용철은 1930년대 문단에서 임화와 조선프롤레타리아예술가동맹으로 대표되는 경향파 리얼리즘 문학, 김기림으로 대표되는 모더니즘 문학과 대립해 순수문학이라는 흐름을 이끌었다. 김영랑, 정지용, 신석정, 이하윤 등이 같은 시문학파들이다.

박용철의 시는 김영랑이나 정지용과 비교해 시어가 맑거나 밝지는 않은 대신, 서정시의 바탕에 사상성이나 민족의식이 깔려 그들의 시에서는 없는 특색이라는 평가가 있다. 그는 릴케와 키에르케고르의 영향을 받아 회의·모색·상징 등이 주조를 이룬다.

광주에 생가가 보존돼 있고 광주공원에는 〈떠나가는 배〉가 새겨진 시비도 건립되어 있다. 매년마다 광주광역시 광산구에서는 용아예술제를 열고 있다.

백석

白石. 1912~1996. 일제 강점기와 조선 민주주의인민공화국의 시인이자 소설가, 번역문학가이다. 본명은 백기행(白夔行)이며 본관은 수원(水原)이다. '白石(백석)'과 '白奭(백석)'이라는 아호(雅號)가 있었으나, 작품에서는 거의 '白石(백석)'을 쓰고 있다.

평안북도 정주(定州) 출신. 오산고등보통학교를 마친 후, 일본에서 1934년 아

오야마학원 전문부 영어사범과를 졸업하였다. 부친 백용삼과 모친 이봉우 사이의 3남 1녀 중 장남으로 출생했다. 부친은 우리나라 사진계의 초기인물로《조선일보》의 사진반장을 지냈다. 모친 이봉우는 단양 군수를 역임한 이양실의 딸로 소문에 의하면 기생 내지는 무당의 딸로 알려져 백석의 혼사에 결정적인 지장을 줄 정도로 당시로서는 심한 천대를 받던 천출의 소생으로 알려져 있다. 1930년《조선일보》신년현상문예에 1등으로 당선된 단편소설「그 모(母)와 아들」로 등단했고, 몇 편의 산문과 번역소설을 내며 작가와 번역가로서 활동했다. 실제로는 시작(詩作) 활동에 주력했으며, 1936년 1월 20일에는 그간《조선일보》와《조광(朝光)》에 발표한 7편의 시에, 새로 26편의 시를 더해 시집『사슴』을 자비로 100권 출간했다. 이 무렵 기생 김진향을 만나 사랑에 빠졌고 이때 그녀에게 '자야(子夜)'라는 아호를 지어주었다. 이후 1948년《학풍

《學風》》창간호(10월호)에 〈남신의주 유동 박시봉방(南新義州 柳洞 朴時逢方)〉을 내놓기까지 60여 편의 시를 여러 잡지와 신문, 시선집 등에 발표했으나, 분단 이후 북한에서의 활동은 정확히 알려진 것이 없다. 백석은 자신이 태어난 마을과 마을 사람들 그리고 주변 자연을 대상으로 시를 썼다. 작품에는 평안도 방언을 비롯하여 여러 지방의 사투리와 고어를 사용했으며 소박한 생활 모습과 철학적 단면이 시에 잘 드러나 있다. 그의 시는 한민족의 공동체적 친근감에 기반을 두었고 작품의 도처에는 고향의 부재에 대한 상실감이 담겨 있다.

변영로

卞榮魯. 1898~1961. 대한민국의 시인이며 동아일보 기자, 성균관대학교 영문과 교수 등을 역임한 영문학자다. 본관은 밀양(密陽)이다. 본명은 변영복(卞榮福)이었으나, 나중에는 영로(榮魯)라는 이름을 주로 썼고, 61세가 되던 1958년이 되어서야 변영로로 정식 개명하였다. 호는 수주(樹州)다.
계동보통학교를 졸업하고, 1910년 사립 중앙학교에 입학하였으나 1912년 중퇴하였다. 1915년 조선중앙기독교청년회학교 영어반에 입학하여 3년 과정을 6개월 만에 마쳤다. 1918년 《청춘(靑春)》에 영시 〈코스모스(Cosmos)〉를 발표하면서부터 시인으로 활동하였다. 1919년에는 독립선언서를 영문으로 번역하였다. 1920년에 《폐허(廢墟)》, 1921년에는 《장미촌(薔薇村)》 동인으로 참가하였으며, 《신민공론(新民公論)》 주필을 지냈다. 신문학 초창기에 등장한 신시(新詩)의 선구자로서, 압축된 시구 속에 서정과 상징을 담은 기교를 보였다. 대표작으로는 1922년 《신생활》에 발표한 〈논개〉 등이 있다.
이화여자전문학교 강사, 동아일보 기자, 잡지 《신가정》 주간, 성균관대학교 영문과 교수, 해군사관학교 영어교관 등을 역임하였다. 1961년 3월 14일 인후암으로 사망하였다.

윤곤강

尹崑崗, 1911~1949. 일제강점기의 시인이자 문학평론가다. 1911년 충청남도 서산에서 태어났으며, 본명은 윤붕원(尹朋遠), 아명은 윤명원(尹明遠)이다. 1930년 보성고등보통학교를 졸업한 뒤 같은 해 혜화전문학교(지금의 동국대학교)에 입학했다가 중퇴했다. 이후 1933년 일본으로 갔으며, 1935년 센슈대학교 법철학과를 졸업했다.

1936년 《시학(詩學)》 동인의 한 사람으로 문단에 등장했다. 초기에는 카프(KAPF)파의 한 사람으로 시를 썼으나 곧 암흑과 불안, 절망을 노래하는 퇴폐적 시풍을 띠게 되었고 풍자적인 시를 썼다. 윤곤강의 시는 초기에 하기하라 사쿠타로와 보들레르의 영향을 받았고, 해방 후에는 전통적 정서에 대한 애착과 탐구로 기울어지기 시작했다.

윤곤강의 작품세계는 크게 해방 전과 후로 나뉜다. 초기 시집에서는 식민지 지식인의 허탈함과 무력함을 담은 고통스러운 현실을 노래했다. 해방 이후에는 전통을 계승하고 민족 정서를 탐구하고자 하며 새로운 시도를 했다.

동인지 《시학》을 주간하였으며, 출간한 시집으로는 첫 시집 『대지』(1937)를 비롯해 『만가』(1938) 『동물시집』(1939) 『빙화』(1940) 『살어리』(1948) 등이 있고, 시론집으로 『시와 진실』(1948)이 있다.

윤동주

尹東柱. 1917~1945. 일제강점기의 저항(항일) 시인이자 독립운동가다. 아명은 해환(海煥). 만주 북간도의 명동촌에서 태어났으며, 기독교인인 할아버지의 영향을 받았다. 1931년(14세)에 명동소학교를 졸업하고, 한때 중국인 관립학교인 대랍자(大拉子)소학교를 다니다 가족이 용정으로 이사하자 용정에 있는 은진중학교에 입학했다.
1935년에 평양의 숭실중학교로 전학하였으나, 학교에 신사참배 문제가 발생하여 폐쇄당하고 말았다. 다시 용정에 있는 광명학원의 중학부로 편입하여 거기서 졸업했다. 1941년에는 서울의 연희전문학교 문과를 졸업하고, 일본으로 건너가 도쿄에 있는 릿쿄 대학 영문과에 입학했다가, 다시 1942년, 도시샤 대학 영문과로 옮겼다. 1943년 7월 학업 도중 귀향하려던 시점에 항일운동을 했다는 혐의로 일본 경찰에 체포되어 2년 형을 선고받고 후쿠오카 형무소에서 복역했다. 그러나 복역 중 건강이 악화되어 1945년 2월에 생을 마감하고 말았다. 유해는 그의 고향 용정에 묻혔다. 한편, 그의 죽음에 관해서는 옥중에서 정체를 알 수 없는 주사를 정기적으로 맞은 결과이며, 이는 일제의 생체실험의 일환이었다는 주장도 제기되고 있다.
15세 때부터 시를 쓰기 시작하여 첫 작품으로 〈삶과 죽음〉〈초한대〉

를 썼다. 발표 작품으로는 만주 연길에서 발간된 잡지 《가톨릭 소년》에 실린 동시 〈병아리〉(1936. 11) 〈빗자루〉(1936. 12) 〈오줌싸개 지도〉(1937. 1) 〈무얼 먹구사나〉(1937. 3) 〈거짓부리〉(1937. 10) 등이 있다. 연희전문학교 시절 작품으로는 〈조선일보〉에 발표한 산문 〈달을 쏘다〉, 교지 《문우》에 게재된 〈자화상〉 〈새로운 길〉이 있다. 그의 유작인 〈쉽게 쓰여진 시〉는 사후인 1946년 《경향신문》에 게재되기도 했다.

윤동주의 대표작으로는 〈서시〉 〈별 헤는 밤〉 〈자화상〉 등이 있으며, 그 중에서도 〈서시〉는 그의 철학적이고 민족적 고뇌를 잘 나타낸 작품으로, 현재까지도 많은 사람들이 기억하는 명작으로 꼽힌다. 이 시는 자기 자신을 고백하는 형식으로 시작되며, 일제의 압박 속에서 자아를 찾고자 하는 고독한 내면의 목소리를 담고 있다.

윤동주의 절정기에 쓰인 작품들을 1941년 연희전문학교를 졸업하던 해에 '하늘과 바람과 별과 시'라는 제목으로 발간하려 하였으나 뜻을 이루지 못했다. 그의 자필 유작 3부와 다른 작품들을 모아 친구 정병욱과 동생 윤일주가, 사후에 그의 뜻대로 1948년, 『하늘과 바람과 별과 시』라는 제목으로 출간했다. 29년의 짧은 생애를 살았지만 특유의 감수성과 삶에 대한 고뇌, 독립에 대한 소망이 서려 있는 작품들로 인해 대한민국 문학사에 길이 남은 전설적인 문인이다. 2017년 12월 30일, 탄생 100주년을 맞이했다.

이장희

李章熙. 1900~1929. 일제강점기의 시인이다. 본명은 이양희(李樑熙), 아호는 고월(古月). 1900년 경상북도 대구에서 태어났다. 대구보통학교와 일본 교토중학교를 졸업했다. 1920년에 이장희(李樟熙)로 개명하였으나 필명으로 장희(章熙)를 사용한 것이 본명처럼 되었다. 문단의 교우 관계는 양주
동·유엽·김영진·오상순·백기만·이상화 등 극히 제한되어 있었다. 이장희의 아버지는 조선총독부 중추원의 참의로서 일본인들과의 교류가 활발했다. 이장희에게 통역을 맡기려고 하거나 총독부 관리로 취직하라고 권유했지만 이장희는 그 말들을 한 번도 따르지 않고 모두 거부했다. 이후 이장희의 아버지도 이장희를 버린 자식으로 취급했으며, 이장희는 매우 가난하게 살았다. 세속적인 것을 싫어하여 고독하게 살다가 1929년 11월 대구 자택에서 음독자살했다.

1924년《금성》3월호에〈실바람 지나간 뒤〉〈새한마리〉〈불놀이〉〈무대〉〈봄은 고양이로다〉등 5편의 시와 톨스토이 원작의 번역소설『장구한 귀양』을 발표하면서 등단했다. 이후《신민》《생장》《여명》《신여성》《조선문단》등 잡지에〈동경〉〈석양구〉〈청천의 유방〉〈하일소경〉〈봄철의 바다〉등 30여 편의 작품을 발표했다. 요절하였기에 생전에 출간된 시집은 없으며, 이장희의 사후인 1951년, 백기만이 6.25 한국전쟁 중 청구출판사에서 펴낸 『상화와 고월』에 시 11편만 실려 전해지다가 제해만 편 『이장희전집』(문장사, 1982)과 김재홍 편 『이장희전집평전』(문학세계사, 1983)등 두 권의 전집에 유작이 모두 실렸다.

이장희의 전 시편에 나타난 시적 특색은 섬세한 감각과 시각적 이미지, 그리고 계절의 변화에 따른 시적 소재의 선택에 있다. 대표작 〈봄은 고양이로다〉는 다분히 보들레르와 같은 발상법을 바탕으로 하고 있는데 '고양이'라는 한 사물이 예리한 감각으로 조형되어 생생한 감각미를 보인다. 이 시는 작자의 순수지각(純粹知覺)에서 포착된 대상인 고양이를 통해서 봄이 주는 감각을 집약적으로 표현하고 있다. 1920년대 초반의 시단은 퇴폐주의·낭만주의·자연주의·상징주의 등 서구 문예사조에 온통 휩싸여 퇴폐성이나 감상성이 지나치게 노출되어 있었음에도 불구하고, 그의 시는 섬세한 감각과 이미지의 조형성을 보여주고 있다. 바로 뒤를 이어 활동한 정지용과 함께 한국시사에서 새로운 시적 경지를 개척했다.

정지용

鄭芝溶. 1902~1950. 대한민국의 대표적 서정 시인이다. 충청북도 옥천군에서 태어났다. 연못의 용이 하늘로 올라가는 태몽을 꾸었다고 하여 아명은 지룡(池龍)이라고 했다. 당시 풍습에 따라 열두 살에 송재숙과 결혼했으며, 1914년 아버지의 영향으로 로마 가톨릭에 입문하여 '방지거(方濟各, 프란치스코)'라는 세례명을 받았다. 옥천공립보통학교와 휘문고등보통학교를 졸업했고, 일본의 도시샤대학에서 영문학을 공부했다. 1926년 《학조》 창간호에 〈카페·프란스〉를 발표하면서 등단했다.

정지용은 섬세하고 독특한 언어를 구사하며, 생생하고 선명한 대상 묘사에 특유의 빛을 발하는 시인이다. 한국현대시의 신경지를 열었다는 평가를 받고 있으며, 이상을 비롯하여 조지훈·박목월 등과 같은 청록파 시인들에게 영향을 주었다. 그는 휘문고보 재학 시절 《서광》 창간호에 소설 『삼인』을 발표하였으며, 일본 유학시절에는 대표작이 된 〈향수〉를 썼다. 1930년에 시문학 동인으로 본격적인 문단 활동을 했고, 구인회를 결성하고, 문장지의 추천위원으로도 활동했다. 해방 이후 《경향신문》의 주간으로 일하며 대학에도 출강했는데, 이화여대에서는 라틴어와 한국어를, 서울대에서는 시경을 강의했다.

1950년 한국전쟁이 일어난 뒤에는 김기림·박영희 등과 함께 서대문형무소에 수용되었고, 이후 납북되었다가 사망했다. 사망 장소와 시기는 정확히 확인되지 않았는데, 1953년 평양에서 사망했다고 알려져 있다. 정지용은 서정적이고 감각적인 표현, 자연과 인간의 관계, 민족적 정서와 고전적 미학을 현대적 감각으로 풀어낸 시인으로, 한국 현대 시의 큰 기초를 닦았으며, 그의 문학적 특징은 오늘날까지 많은 이에게 영향을 미쳤다. 정지용의 시에서 가장 중요한 주제 중 하나는 자연과 인간을 하나로 엮는 것이다. 그는 자연과 인간의 융합을 통해 삶의 의미와 본질을 풀어냈으며, 자연의 변화를 통해 인간의 삶에 대한 성찰과 깨달음을 표현하려 했다. 특히 그의 대표작 〈향수〉에서는 자연과 인간의 감정이 유기적으로 결합되어 하나의 독특한 시적 세계를 만들어냈다.

주요 저서로는 『정지용 시집』(1935) 『백록담』(1941) 『지용문학독본』(1948) 『산문』(1949) 등이 있다. 정지용의 고향 충북 옥천에서는 매년 5월에 지용제를 개최하고 있으며, 1989년부터는 시와 시학사에서 정지용문학상을 제정하여 매년 시상하고 있다.

한용운

韓龍雲. 1879~1944. 일제강점기의 작가이자 승려, 독립운동가다. 본관은 청주, 호는 만해(萬海)이며, 충청도 결성현(지금의 충청남도 홍성군)에서 태어났다. 불교를 통해 혁신을 주장하며 언론 및 교육 활동을 했다. 무능한 불교 개혁과 불교의 현실 참여를 주장했으며, 그 대안으로 '불교사회개혁론'을
주장했다. 1918년 11월에는 불교 최초의 잡지인 《유심》을 발행했다. 1919년 3월 1일 만세운동 당시 민족대표 33인 중 한 사람이며, 독립선언을 하여 체포당한 뒤 서대문형무소에서 3년간 복역했다.

한용운은 작품에서 퇴폐적인 서정성을 배격하였으며 조선의 독립 또는 자연을 부처에 빗대어 '님'으로 형상화하여 고도의 은유법을 구사했다. 1918년 《유심》에 시를 발표하였고, 1926년 〈님의 침묵〉 등의 시를 발표했다. 〈님의 침묵〉에서는 기존의 시와 시조의 형식을 깬 산문시 형태로 시를 썼다. 소설가로도 활동하여 1930년대부터는 장편소설 『흑풍(黑風)』『철혈미인(鐵血美人)』『후회』『박명(薄命)』 단편소설 「죽음」 등을 비롯한 몇 편의 장편, 단편 소설들을 발표했다.

1931년 김법린 등과 청년승려비밀결사체인 만당(卍黨)을 조직하고 당수로 취임했다. 만당은 청년 승려들이 주도하여 조선불교의 자립적 방향과 민족 해방을 위한 비밀 결사체로 결성되었다. 당시 한국의 불교는 일제의 억압과 통제를 받으면서도, 불교계 일부에서는 종교적 독립뿐만 아니라 민족 독립을 위한 노력이 필요하다고 느꼈다. 그리하여 만당은 불교 승려들로서 민족 해방을 위한 독립운동과 불교의 개혁을 목표로 삼았다. 한용운은 교우관계에 있어서도 좋고 싫음이 분명하여, 친일로 변절한 시인들에 대해서는 막말을 하는가 하면 차갑게 모른 체했다고 한다.

마쓰오 바쇼

松尾芭蕉. 1644~1694. 에도 시대 하이쿠의 완성자이며 하이쿠의 성인, 방랑미학의 창시자로 불린다. 마쓰오 바쇼는 에도 시대 전기에 해당하는 1644년 일본 남동부 교토 부근의 이가우에노에서 하급 무사 겸 농부의 아들로 태어났다. 본명은 마쓰오 무네후사(松尾宗房)이고, 어렸을 때 이름은 긴사쿠(金作)였다. 아버지가 일찍 세상을 뜨자 곤궁한 살림으로 인해 바쇼는 19세에 지역의 권세 있는 무사 집에 들어가 그 집 아들 요시타다를 시봉하며 지냈다. 두 살 연상인 요시타다는 하이쿠에 취미가 있어서 교토의 하이쿠 지도자 기타무라 기긴에게 사사하는 중이었다. 친동생처럼 요시타다의 총애를 받은 바쇼도 이것이 인연이 되어 하이쿠의 세계를 접하고 기긴의 가르침을 받게 되었다.

언어유희에 치우친 기존의 하이쿠에서 탈피해 문학적인 하이쿠를 갈망하던 이들이 바쇼에게서 진정한 하이쿠 시인의 모습을 발견했고, 산푸·기카쿠·란세쓰·보쿠세키·란란 등 수십 명의 뛰어난 젊은 시인들이 바쇼의 문하생으로 모임으로써 에도의 하이쿠 문단은 일대 전기를 맞이했다. 부유한 문하생들의 후원으로 문학적으로나 경제적으로나 안정된 생활도 보장되었다. 37세에 '옹'이라는 경칭을 들을 정도로 하이쿠 지도자로서 성공적인 삶을 누렸으나 이내 모든 지위와 명예를 내려놓고 작은 오두막에 은둔생활을 하고 방랑생활을 하다 길 위에서 생을 마감했다.

모리카와 교리쿠

森川許六. 1656~1715. 에도 시대 중기의 하이쿠 시인이자 화가, 무사, 문학 이론가이다. 오미국 히코네번의 하급 무사 가문에서 태어나 검술과 창술, 회화에 능했으며, 학문과 예술을 두루 겸비한 전인적인 인물로 평가된다.

1692년 에도에서 마쓰오 바쇼를 만나 그의 제자가 되었고, 바쇼로부터 '교리쿠'라는 호를 받았다. 이후 바쇼 문하의 대표적인 뛰어난 열 명의 제자들인 '쇼몬 십철(蕉門十哲)' 중 한 사람으로 꼽히며 하이쿠 이론 정립과 편찬 활동에 힘썼다. 그는 『풍속문선(風俗文選)』, 『우타호시(宇陀法師)』, 『인후(韻塞)』 등 다수의 저작을 통해 하이쿠의 형식과 정신을 체계화하고, 스승 바쇼의 문학적 유산을 정리하고 계승하는 데 큰 역할을 했다. 바쇼에게 회화를 가르쳤을 정도로 화가로서의 재능도 뛰어났으며, 문인화적 감수성이 시에도 잘 녹아 있다. 말년에는 병환으로 세상과 거리를 두고 조용히 은둔하며 창작에 몰두했으며, 1715년 60세를 일기로 생을 마감했다.

모리카와 교리쿠는 하이쿠의 이론화에 기여한 문학사적 공로와 더불어, 문무를 겸비한 전형적인 에도 시대 문인의 면모를 보여주는 인물로 평가받는다.

요사 부손

与謝蕪村. 1716~1784. 에도 시대의 하이쿠 시인이다. 본명 다니구치 노부아키. 요사 부손은 고바야시 잇사, 마쓰오 바쇼와 함께 하이쿠의 3대 거장으로 분류된다. 일본식 문인화를 집대성한 화가이기도 하다.

예술가가 되기 위하여 집을 떠나 여러 대가들에게 하이쿠를 배웠다. 회화에서는 하이쿠의 정취를 적용해 삶의 리얼리티를 해학적으로 표현했으며, 하이쿠에서는 화가의 시선으로 사물을 섬세하게 묘사해 아름답고 낭만적이면서도 생생하게 시작을 했다. 평소에 마쓰오 바쇼를 존경하여, 예순의 나이에 편찬한 『파초옹부합집(芭蕉翁附合集)』의 서문에 "시를 공부하려면 우선 바쇼의 시를 외우라."고 적었다.

부손에게 하이쿠와 그림은 표현 양식만이 다를 뿐 자신의 감성을 표출하는 수단이었다. 그가 남긴 그림 〈소철도(蘇鐵圖)〉는 중요지정문화재이며, 교토의 야경을 그린 〈야색루태도(夜色樓台圖)〉도 유명하다. 이케 다이가와 공동으로 작업한 〈십편십의도(十便十宜圖)〉 역시 대표작으로 꼽힌다.

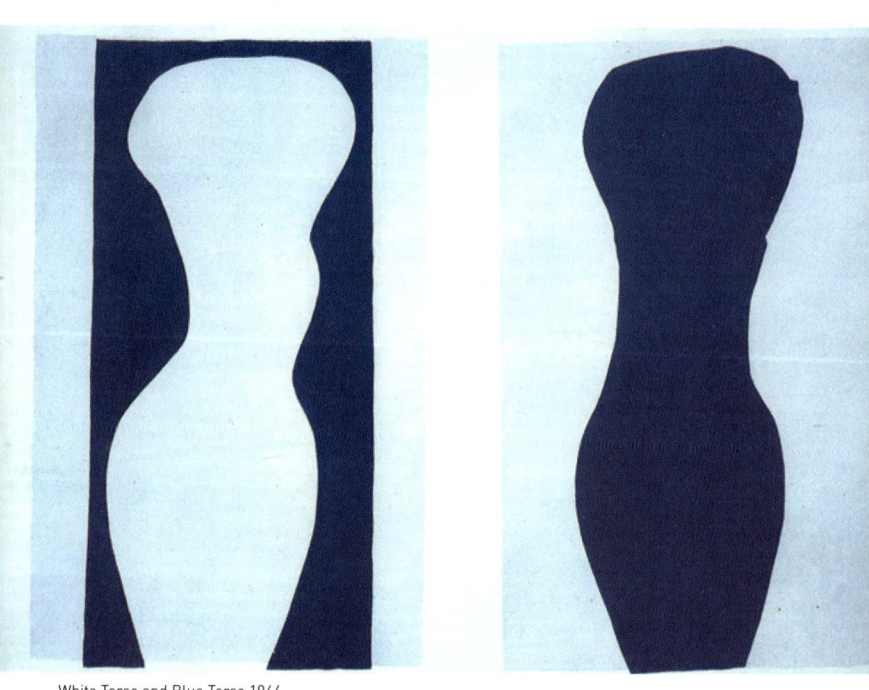

White Torso and Blue Torso 1944

The Toboggan 1943

The Parakeet and the Mermaid 1952

Large Composition with Masks 1953

열두 개의 달 시화집 플러스 八月
그리고 지중지중 물가를 거닐면

초판 1쇄 인쇄 2025년 7월 20일
초판 1쇄 발행 2025년 8월 1일

시인 윤동주 외 13명
화가 앙리 마티스
발행인 정수동
편집주간 이남경
편집 김유진
표지 디자인 Yozoh Studio Mongsangso

발행처 저녁달
출판등록 2017년 1월 17일 제406-2017-000009호
주소 경기도 파주시 문발로 142 니은빌딩 304호
전화 02-599-0625
팩스 02-6442-4625
이메일 book@mongsangso.com
인스타그램 @eveningmoon_book
ISBN 979-11-89217-65-5 04800
세트 ISBN 979-11-89217-46-4 04800

* 저작권법에 의해 보호를 받는 저작물이므로 무단전재와 무단복제를 금합니다.
* 잘못 만들어진 책은 구입하신 서점에서 교환해드립니다.